TÍO SIMÓN ABC

CREATED AT FANTOONS ANIMATION STUDIOS.

FOREWORD BY: BETTSIMAR DÍAZ
WRITTEN & ART DIRECTED BY: DAVID CALCANO
ILLUSTRATED BY: JUAN RIERA & ITTAI MANERO
PRODUCED BY: YANNINE POLEO & LINDA OTERO
BOOK LAYOUT DESIGNER: BRETT BURNER
GRAPHIC DESIGNER: ALBERTO BELANDRIA
EDITED BY: BETH SCORZATO

PREFACIO

LOS PUEBLOS SON COMO LOS NIÑOS, TIENEN SUS AMIGOS IMAGINARIOS. PERO EL PUEBLO VENEZOLANO HIZO ALGO AUN MÁS INCREÍBLE, CONVIRTIÓ A UNO DE SUS ARTISTAS POPULARES EN EL AMIGO IMAGINARIO MÁS QUERIDO DE TODOS. DE MANERA QUE NO SOLAMENTE TÍO SIMÓN EXISTIÓ COMO SER HUMANO, CANTANTE, ACTOR, COMPOSITOR, CUENTACUENTOS, SINO QUE ESTÁ VIVO EN EL AFECTO Y LA CREATIVIDAD DE TODOS LOS QUE LE CONOCEN. ES UN PERSONAJE CON UNA ALEGRÍA INVENCIBLE, QUE SIEMPRE ESTÁ DISPUESTO A AYUDAR Y RESOLVER CUALQUIER SITUACIÓN CON UNA GRACIA ESPECIAL, HUMOR Y MUCHO ENTUSIASMO. HIZO DE LAS TRADICIONES CULTURALES DE SU PAÍS: SU MEJOR DEFENSA; DE LAS CANCIONES: SU MEJOR CONSEJO; DE LOS PAISAJES DE VENEZUELA: SU HOGAR; DE LA COMIDA VENEZOLANA: SU MAYOR FELICIDAD; DEL APLAUSO DE LOS NIÑOS: SU TRAJE PREFERIDO. ES EL TÍO SIMÓN. UN AMIGO QUE TE ACOMPAÑA EN LA AVENTURA DE VIVIR Y APRENDER TODO LO QUE PERMITE QUE NUESTRO CORAZÓN SIEMPRE ESTÉ AGRADECIDO.

BETTSIMAR DÍAZ
HIJA DE TÍO SIMÓN

FOREWORD

WE ARE ALL CHILDREN AT HEART. WE ALL CREATE IMAGINARY FRIENDS, BUT THE VENEZUELAN PEOPLE DID SOMETHING MORE. THEY TURNED ONE OF THEIR MOST POPULAR ARTISTS INTO THEIR COLLECTIVE IMAGINARY BEST FRIEND. TÍO SIMÓN WAS A SINGER, SONGWRITER, ACTOR, AND STORYTELLER, AND HE IS STILL ALIVE TODAY THROUGH THE LOVE AND CREATIVITY OF ALL WHO KNEW HIM. HE IS A CHARACTER FULL OF LIMITLESS JOY, WHO IS ALWAYS WILLING TO HELP TO RESOLVE CONFLICT AND BRING PEOPLE TOGETHER WITH UNIQUE GRACE, HUMOR, AND ENTHUSIASM. HE IS A VENEZUELAN ICON. HE WORE THE CULTURAL TRADITIONS OF HIS COUNTRY AS A BADGE OF HONOR. HIS SONGS OFFER COMFORT AND ADVICE TO ANYONE WHO LISTENS. HE MADE THE VENEZUELAN COUNTRYSIDE HIS HOME, AND HE LOVED VENEZUELAN CUISINE. HE WORE MANY DIFFERENT "COSTUMES" OVER THE COURSE OF HIS LIFE, BUT HIS FAVORITE WAS BEING TÍO SIMÓN, AND BRINGING JOY TO THE LIVES OF CHILDREN. HE IS TÍO SIMÓN, A FRIEND WHO WILL ALWAYS JOIN ANYONE WITH A GRATEFUL AND OPEN HEART ON THE ADVENTURE OF LIVING AND LEARNING.

BETTSIMAR DÍAZ
TÍO SIMÓN'S DAUGHTER

THE BUTTERFLY COW IS FROM ONE OF TÍO SIMÓN'S SONGS: LA VACA MARIPOSA!

A

AVOCADO

APPLE

AREPA
(DELICIOUS LATIN SANDWICH)

ARAGUANEY
(VENEZUELA'S NATIONAL TREE)

B

BICYCLE

BOY

BAILE (LA BURRIQUITA)

BÚHO

CHEESE

CORN

CACHAPA
(CORN PANCAKE)

CONEJO

D

DOG

DEER

DRAGÓN

DEDO

E

EGGS

EARPHONES

EMPANADA
(YUMMY LATIN PASTRY)

ESCOBA

FISH

FLOWER

FRESA

FRÍO

G

GIRAFFE

GOAT

GUACAMAYA
(COLORFUL BIRD)

GUAYABA

H

HOUSE

HORSE

HELADO

HORMIGA

INSECT

ISLAND

INDÍGENA

IGUANA

J

JAM

JUICE

JARDÍN

JARRA

K

KITE

KOALA

KIOSKO

KIWI

L

LAMP

LOVE

LUNA

LENTES

M

MOUSE

MUSIC

MARACA

MAMÁ

N

NIGHT

NOSE

NAVIDAD

NACIMIENTO

O

OLD MAN

OWL

OVEJA

OJO

P

PEACOCK

POO

PERRO

PATO

Q

QUEEN

QUEUE

QUESILLO
(VENEZUELAN DESSERT)

QUESO

R

ROSE

RABBIT

RANA

RUEDA

S

SLINGSHOT

SQUIRREL

SOMBRERO

SOL

TOWER

TREE

TEQUEÑO
(CHEESE STICKS)

TORTUGA

UMBRELLA

U.F.O.

UVA

UNICORNIO

VIOLIN

VENEZUELA

VESTIDO

VACA

W

WHITE HOUSE

WOMAN

WI-FI

WALKIE-TALKIE

X

X-RAY

X-MEN

XAVIER

XILÓFONO

Y

YELLOW

YAWN

YO-YO

YATE

Z

ZOO

ZEBRA

ZORRILLO

ZARZAMORA

EPÍLOGO

¡GRACIAS POR COMPRAR ESTE LIBRO! ME HACE INCREÍBLEMENTE FELIZ COMPARTIR ESTA PEQUEÑA OBRA CONTIGO.

LA INSPIRACIÓN DE ESTAS PÁGINAS ES COMPARTIR LO HERMOSO DE VENEZUELA A TRAVÉS DE LOS OJOS DE NUESTRO TÍO SIMÓN. ÉL REPRESENTA LO MÁS BONITO DEL PAÍS: SU MÚSICA, ENSEÑANZAS Y BONDAD, ES ALGO QUE TODOS LOS VENEZOLANOS LLEVAMOS EN EL ALMA.

TÍO SIMÓN ES ESA CONSTANTE QUE SIEMPRE TRAE RECUERDOS MARAVILLOSOS: LA CACHAPA, LA FAMILIA, EL QUESO GUAYANÉS, EL AMOR POR LA VIDA Y ESOS PAISAJES CRIOLLOS QUE PUEDEN TRAER UNA LAGRIMITA FÁCILMENTE. ÉL FORMA PARTE DE LO MEJOR DE NOSOTROS COMO VENEZOLANOS. MI DESEO ES QUE EL MUNDO ENTERO PUEDA DISFRUTAR Y RECORDAR A LA VENEZUELA EN LA QUE YO CRECÍ Y CON LA QUE TODOS SOÑAMOS. GENTE DE MÉXICO, ARGENTINA, ESPAÑA, ESTADOS UNIDOS, CANADÁ, LATINOAMÉRICA Y POR SUPUESTO A LOS VENEZOLANOS QUE NOS HEMOS IDO DEL PAÍS.

ESTE PEQUEÑO GRANITO DE ARENA INTENTA CONSERVAR Y CONTAGIAR UN POCO DE NUESTRA CULTURA HACIA TODO EL MUNDO, PREPARANDO UN COCTELITO ARTÍSTICO, COMBINANDO OTRAS COSAS BELLAS DE TODAS PARTES. MUCHOS NIÑOS DE PADRES VENEZOLANOS QUIZÁS NO SABEN LO QUE ES UNA CACHAPA, O EL BAILE DE LA BURRIQUITA, PUES TÍO SIMÓN ESTÁ DE VUELTA PARA ENSEÑARNOS, PORQUE ¿SABEN UNA COSA? REALMENTE NUNCA SE FUE... SIEMPRE HA ESTADO EN EL CORAZÓN DE TODOS NOSOTROS.

ESPERO DISFRUTEN ESTA LABOR DE CARIÑO DE FANTOONS JUNTO A LA HERMOSA BETTSIMAR DÍAZ.

¡NOS VEMOS EN EL PRÓXIMO!

DAVID

AFTERWORD

THANK YOU SO MUCH FOR BUYING THIS BOOK. YOU HAVE MADE A LOT VENEZUELANS HAPPY IN WAYS THAT YOU CANNOT EVEN IMAGINE. PLUS, YOU AND YOUR CHILDREN HAVE HOPEFULLY LEARNED SOME COOL SPANISH AND ENGLISH WORDS WITH A VENEZUELAN TWIST.

THE INSPIRATION BEHIND THE BOOK IS SHARING THE VENEZUELA I GREW UP WITH, (AND WHAT IT CAN BE) THROUGH THE EYES OF OUR TÍO SIMÓN. HE ALWAYS MAKES US SMILE, SING, LOVE AND DANCE WHILE LEARNING ABOUT KINDNESS AND FAMILY. HIS HEARTWARMING PERSONALITY ALWAYS BRINGS OUT THE BEST IN US. HE HOLDS THE SAME PLACE IN VENEZUELAN'S HEARTS THAT MR. ROGERS DOES FOR MANY AMERICANS, AND I'M INCREDIBLY EXCITED TO SHARE HIS LOVE FOR LIFE WITH YOU.

WE OWE THIS BOOK TO TÍO SIMÓN'S DAUGHTER, BETTSIMAR DÍAZ, WHO WORKED WITH US ON THIS PROJECT FROM THE BEGINNING AND WHO I HAVE THE HONOR OF CALLING MY FRIEND.

I HOPE THE PAGES WE CREATED BRING OUT THE WONDERS OF TÍO SIMÓN'S PERSONALITY AND INSPIRE YOU AND YOUR KIDS TO LEARN MORE ABOUT VENEZUELA. PERHAPS TRY OUR FOOD AND OUR CHEESE (WHICH IS AWESOME BY THE WAY).

EVERY ARTIST LEFT A LITTLE BIT OF THEIR SOUL ON THE PAGES HERE FOR YOU. WE WANT SPREAD OUR LOVE OF OUR COUNTRY, AND LATIN AMERICA, TO EVERYWHERE IN THE WORLD.

TÍO SIMÓN ALWAYS BRINGS OUT THE BEST IN ME. I HOPE THIS BOOK CAN DO THE SAME FOR YOU AND YOUR CHILDREN.

DAVID

GLOSSARY/GLOSARIO

ENGLISH > SPANISH

AVOCADO - AGUACATE	NIGHT - NOCHE
APPLE - MANZANA	NOSE - NARIZ
BICYCLE - BICICLETA	OLD MAN - ANCIANO
BOY - NIÑO	OWL - BÚHO
CHEESE - QUESO	PEACOCK - PAVO REAL
CORN - MAÍZ	POO - PUPÚ
DOG - PERRO	QUEEN - REINA
DEER - VENADO	QUEUE - FILA
EGGS - HUEVOS	ROSE - ROSA
EARPHONES - AUDÍFONOS	RABBIT - CONEJO
FISH - PEZ	SLINGSHOT - HONDA
FLOWER - FLOR	SQUIRREL - ARDILLA
GIRAFFE - JIRAFA	TOWER - TORRE
GOAT - CABRA	TREE - ÁRBOL
HOUSE - CASA	UMBRELLA - PARAGUAS
HORSE - CABALLO	U.F.O. - O.V.N.I.
INSECT - INSECTO	VIOLIN - VIOLÍN
ISLAND - ISLA	VENEZUELA - VENEZUELA
JAM - MERMELADA	WHITE HOUSE - LA CASA BLANCA
JUICE - JUGO	WOMAN - MUJER
KITE - COMETA	X-RAY - RADIOGRAFÍA
KOALA - KOALA	X-MEN - X-MEN
LAMP - LÁMPARA	YELLOW - AMARILLO
LOVE - AMOR	YAWN - BOSTEZO
MOUSE - RATÓN	ZOO - ZOOLÓGICO
MUSIC - MÚSICA	ZEBRA - CEBRA

ESPAÑOL > INGLÉS

AREPA - AREPA	NAVIDAD - CHRISTMAS
ARAGUANEY - ARAGUANEY	NACIMIENTO - NATIVITY SCENE
BAILE - DANCE	OVEJA - SHEEP
BÚHO - OWL	OJO - EYE
CACHAPA - CACHAPA	PERRO - DOG
CONEJO - RABBIT	PATO - DUCK
DRAGÓN - DRAGON	QUESILLO - QUESILLO
DEDO - FINGER	QUESO - CHEESE
EMPANADA - EMPANADA	RANA - FROG
ESCOBA - BROOM	RUEDA - WHEEL
FRESA - STRAWBERRY	SOMBRERO - HAT
FRÍO - COLD	SOL - SUN
GUACAMAYA - MACAW	TEQUEÑO - TEQUEÑO
GUAYABA - GUAVA	TORTUGA - TURTLE
HELADO - ICE CREAM	UVA - GRAPE
HORMIGA - ANT	UNICORNIO - UNICORN
INDÍGENA - NATIVE	VESTIDO - DRESS
IGUANA - IGUANA	VACA - COW
JARDÍN - GARDEN	WI-FI - WI-FI
JARRA - JAR	WALKIE-TALKIE - WALKIE-TALKIE
KIOSKO - KIOSK	XAVIER - XAVIER
KIWI - KIWI	XILÓFONO - XYLOPHONE
LENTES - GLASSES	YO-YO - YO-YO
LUNA - MOON	YATE - YACHT
LÁMPARA - LAMP	ZORRILLO - SKUNK
MARACA - MARACA	ZARZAMORA - BLACKBERRY

SALES: INFO@FANTOONS.TV

WWW.FANTOONS.TV
WWW.SIMONDIAZ.COM